Constanze Hahn

Intentionsgeleitetes Handeln und seine Fehler

GRIN Verlag

Bibliografische Information der Deutschen Nationalbibliothek:

Die Deutsche Bibliothek verzeichnet diese Publikation in der Deutschen National-
bibliografie; detaillierte bibliografische Daten sind im Internet über http://dnb.d-
nb.de/ abrufbar.

Impressum:

Copyright © 2000 GRIN Verlag GmbH
Druck und Bindung: Books on Demand GmbH, Norderstedt Germany
ISBN: 978-3-638-95672-7

Dieses Buch bei GRIN:

http://www.grin.com/de/e-book/24347/intentionsgeleitetes-handeln-und-seine-
fehler

Ausarbeitung zum Referat

Thema:

Intentionsgeleitetes Handeln und seine Fehler (Wille, Absicht und Handlungsregulation)

Seminar: Handlungsregulation
Ort/Datum: Potsdam, d. 25.07. 2000

Referentin: Hahn, Constanze

Inhalt

I. Die Grenzen menschlichen Handelns

Das Gehirn der Spezies Mensch ist wohl die komplexeste, von der Natur hervorbrachte Errungenschaft. Nicht einmal der ausgeklügeltste Computer vermag es, den Menschen in allen Bereichen vollständig zu ersetzen. Er kann sich nicht flexibel genug an unvorhersehbare Hindernisse der Umwelt anpassen, während Menschen aufgrund verschiedener Mechanismen auch sehr kurzfristig ihre Handlungen so umstellen können, dass sie auf eintretende Schwierigkeiten (meistens) angemessen reagieren. Jedoch treten unter bestimmten Voraussetzungen immer wieder unbeabsichtigten Fehlhandlungen auf, die uns im Alltag häufig begegnen. Schwerwiegend können deren Folgen in verantwortungsvollen Berufen wie zum Beispiel beim Fliegen sein. Aufgrund neuerer Ergebnisse in der Volitionsforschung steht mit Hilfe des Rubikon – Modells ein Erklärungsansatz unter anderem auch für Fehlhandlungen zur Verfügung, welche wiederum Einblick in das Funktionieren menschlichen Handelns gewähren.

II. Zum Ruibikon – Modell

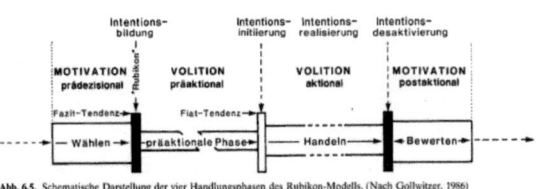

Handlungspsychologische Phasen-Abfolge

Abb. 6.5. Schematische Darstellung der vier Handlungsphasen des Rubikon-Modells, (Nach Gollwitzer, 1986)

(zitiert in Rheinberg, F 2000, S. 183)

Während schon Ach (1905) zwischen den beiden Seiten des Willensproblems, dem Zustandekommen der Absichten „im Kampf der Motive" (zitiert in Heckhausen, H. 1989, S. 189) und der Determinierung des Handelns durch die Absicht trennte, gliederte Heckhausen die Geschehensabfolge in Motivierung, Zielsetzung, Vollzug und Nachphase. Heckhausen und Kuhl (1985) teilten die Entwicklungsabfolge von der ersten Wunschregung bis zur Bildung einer Handlungsabsicht (prädizisionale Phase im Rubikon – Modell) in viele mutmaßliche, nicht weiter definierte, Einzelschritte ein (Heckhausen H. 1989, S. 203).

Das Rubikon-Modell markiert klare Trennlinien zwischen den einzelnen vier Phasen, die ihre eigenen Funktionscharakteristiken haben. Gollwitzer (1988, zitiert in Heckhausen, H. 1989, S. 204) unterschied zwischen motivationalen und volitionalen Bewusstseinslagen, wobei erstere realitätsorientiert, letztere realisierungsorientiert sind. Deren Gedanken werden durch Inhalt, der Selektivität ihrer Aufnahme und ihrer Bearbeitung charakterisiert. Weder direkt in der prädezisionalen Motivationsphase (Abwägen möglicher Handlungsalternativen und Bildung einer Intention), noch in der präaktionalen Volitionsphase (Warten der Intention(en) auf passende Gelegenheit und Zeit bis zur Intentionsinitiierung) und der postaktionalen Motivationsphase (dem abschließenden Bewerten), jedoch während des Handeln, der Intentions- bzw. Handlungsrealisierung in der aktionalen Volitionsphase und den sie umgebenden kritischen Prozessen der Intentions- bzw. Handlungsinitiierung und der Intentions- bzw. Handlungsdesaktivierung können vor allem verschiedene Fehlhandlungen auftreten.

Vier Prozesse spielen für diese Betrachtungsweise eine Rolle; 1. Intentionen, also Ziele im Sinne angestrebter Endzustände durch eigenes Handeln, müssen bis zu ihrer Realisierung gespeichert und vor der Konkurrenz anderer Motivationstendenzen zum Beispiel durch das Bilden von Vornahmen (Intentionskomponenten, die auf Teilziele der Handlungsausführung gerichtet sind,) geschützt werden. 2. Zur Handlungsinitiierung ist die Selektion der Außenweltinformation zum Beispiel durch das Steuern des Aufwands an bewusster Repräsentation wichtig, um ebenfalls von konkurrierenden motivationalen und volitionalen Prozessen abzuschirmen. Vorerst aber sollen die Voraussetzungen für intentionsgeleitetes Handeln genauer betrachtet werden (Heckhausen, H. 1996, S. 821ff).

III. Voraussetzungen intentionsgeleiteten Handelns

1.) Mentale Repräsentatiion intentionaler Inhalte

Die erste Voraussetzung beinhaltet die mentale Repräsentation intentionaler Inhalte. Intentionen[1] sind prototypisch für die mentale Repräsentation handlungsleitender Art. Sie müssen bis zur Handlungsinitiierung gespeichert werden (präaktionale Volitionsphase) und beziehen sich auf das Handlungsergebnis und seine Folgen. Dagegen richten sich Intentionskomponenten oder Vornahmen auf die darunterliegende Zielebene der Handlungsausführung. Sie entstehen entweder bei der Bildung von Zielintentionen oder wenn es die Intentionsrealisierung erfordert, da sie kritische Punkte oder Phasenabschnitte des intentionsrealisierenden Handlungsablaufs vorweg nehmen und den Handelnden darauf einstellen. Diese kritischen Handlungsphasen, folglich auch deren Vornahmen und daraus resultierende Fehler werden nach Initiierung, Ausführung und Desaktvierung unterteilt. Mentale Repräsentation bedeutet nun, dass Vornahmen bis zu ihrer Erledigung aktiviert und somit leicht bewusst abrufbar bleiben. Sie ist entweder propositional oder imaginal enkodiert. Bewusst repräsentierte intentionale Inhalte dominieren über unbewusste.

2.) Enge des Bewusstseins.

Das Arbeitsgedächtnis unterliegt einer Kapazitätsbegrenzung für bewusste Informationsverarbeitung, was auf die Besonderheiten der einzelnen Teilsystem der Informationsverarbeitung unseres zentralen Nervensystems zurückzuführen ist. Entsprechend der Kognitionsforschung kann es sieben plus minus zwei Items aufnehmen, bevor die Gedächtnisspur wieder zerfällt. Neumann (1985, zitiert in Heckhausen, H. 1996, S. 821)

---

[1] Propositional: Stellung und Bewegung des eigenen Körpers wahrnehmend, durch Muskeln, Sehnen und Gelenke vermittelt (Dorsch Psychologisches Wörterbuch)

stellte die These auf, dass Handeln ohne Kapazitätsbegrenzung zu komplex und flexibel für das erfolgreiche Realisieren gefasster Intentionen wäre. Bereits James (1890, zitiert in Heckhausen, H. 1996, S. 821) meinte, dass „sich im Laufe der Stammesgeschichte das Bewusstsein herausgebildet hat, um ein Nervensystem zu steuern, das zu komplex für seine Selbststeuerung geworden ist" (Übersetzung vom Autor). Hier lässt sich Bezug auf das Abschirmen konkurrierender Motivationstendenzen durch selektive Aufnahme von Außenweltinformationen bei der Handlungsinitiierung nehmen. Um eine Absicht erfolgreich ausführen zu können, ist es sogar sinnvoll, dass bewusste Wahrnehmungsprozesse allein ihr dienen, vor allem, wenn sie temporär an Attraktivität verliert.

3.) Bewusstseinsentlastung durch Automatisierung

In dem Maße, wie Tätigkeiten gelernt werden, vermindern sich deren bewusste Verarbeitung bzw. deren Kapazitätsanforderungen an das Arbeitsgedächtnis während ihrer Aufgabe. Durch Lernen werden Tätigkeiten zu automatisierten Prozessen (Routinen) und bedürfen keiner bewussten Kontrolle mehr (Schiffrin & Schneider 1977, zitiert in Heckhausen, H. 1996, S. 822). Folglich unterliegen sie keiner Kapazitätsbegrenzung (Kerr 1973, zitiert in Heckhausen, H. 1996, S. 822). Eine schnelle, parallele Form der nichtbewussten Informationsverarbeitung ist nicht nur vom Zeit- und Arbeitsaufwand wesentlich effektiver (Marcel 1983, zitiert in Heckhausen H. 1996, S. 822), sondern ermöglichen zusätzlich Platz und Zeit für überlappende bewusste Zweittätigkeiten, die gleicher (handlungsleitende Wirkungskontrolle, vorauseilende Handlungsplanung u.a.), ähnlicher oder anderer (z.B. Motivatiionsprozesse, Überlappung im Dienste einer anderen Motivation) Art von Inhalten dienen können. Dieses Auslasten der Kapazität für bewusste Verarbeitung durch überlappende Zweittätigkeiten helfen, wenn Ausführungsvornahmen an antizipierenden kritischen Punkten realisiert werden sollen. Somit können Abschweifungen oder unterbrochene Teilhandlungen auf ihren Handlungskurs zurückgeführt werden. (s. auch interne und externe Rückmeldeschleife)

4.) Kapazitätsbegrenzung der Exekutive

Auch die Kapazität der Exekutive für simultane Erledigungen ist begrenzt. Zum Beispiel können Menschen nicht gleichzeitig in zwei entgegengesetzte Richtungen laufen. Die Exekutive, das willkürliche Motoriksystem ermöglicht (und fordert) eine gerichtete und eingrenzende Wahrnehmung, die Bewegung im Raum und das Einwirken auf die Umwelt.

Aufgrund der Bewusstseinsenge läuft sie weniger Gefahr durch konkurrierende Intentionen in Konflikt zu geraten.

5.) Offene und geschlossene Rückmeldeschleife der Bewegungskontrolle

Die willkürliche Bewegungssteuerung unterliegt zwei verschiedenen Modi, deren Aufgabe die Überwachung und Kontrolle der Ausführungen und Folgen der Bewegungsexekutive sind.

Die interne Rückmeldeschleife dient in der nichtbewussten Bewegungssteuerung der ständigen Zielführung eines Handlungsablaufs. Da Begleiteffekte des eigenen Handelns nicht beachtet werden müssen, wie eben bei automatisierten Tätigkeiten, ist der Kontrollmodus offen (open-loop), wobei die mentalen Zielrepräsentationen ausreichen, das Handeln ohne externe Effektkontrolle zu realisieren (feed forward = Vorausentwurf).

Bei der externen Rückmeldeschleife erfordert die eigene Bewegung die bewusste Registrierung von Außenwelteffekten, um die Wirksamkeit einer schwierigen Tätigkeit, deren Erfolg nicht gesichert ist, zu überprüfen (feed back = Rückmeldung). In diesem geschlossenen aufwendigen Kontrollmodus ist ein hoher Aufwand an bewusster Verarbeitung (Kapazität) erforderlich, was vor allem während kritischer Ausführungsphasen, bei nicht vorhergesehenen Schwierigkeiten und Desaktivierung intentionsrealisierender Handlungsabschnitte von Nutzen ist.

IV. Modi der Handlungssteuerung

Besonders hinsichtlich der bewussten Verarbeitung gibt es zwei gegensätzliche Modi der Handlungssteuerung, die sich zum einen hinsichtlich der zeitlichen und handlungsmäßigen Distanz, bis zur handlungsleitenden Zielrepräsentation (Höhe der Zielebene – enge vs. weite Zielspanne), zum anderen durch verschiedene Belastung der Bewusstseinskapazität unterscheiden.

1.) Der Modus der ausführungsnahen Zielrepräsentation konzentriert sich auf die Abfolge kurzer Zielspannen mit handlungsleitenden Intentionen auf niedriger Zielebene. Je höher die Beanspruchung an bewusster Verarbeitung, desto angebrachter ist dieser Modus zur Vermeidung von Fehlern. Wegen seines Aufbaus lohnt es sich, auf Hackers Schema des hierarchischen Aufbaus der Tätigkeit (vereinfacht nach Cranach et al, 1980, zitiert in Rheinberg, 2000, S. 156) zu verweisen.

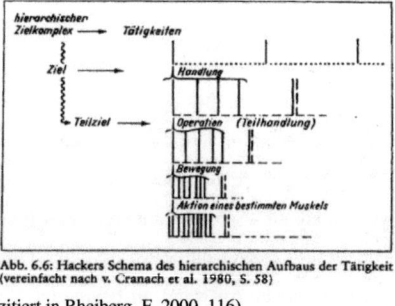

Abb. 6.6: Hackers Schema des hierarchischen Aufbaus der Tätigkeit
(vereinfacht nach v. Cranach et al. 1980, S. 58)

(zitiert in Rheiberg, F. 2000, 116)

2.) Im Modus der weitgespannten Zielrepräsentation wird die letztlich zu realisierende Intention auf höchster Zielebene handlungsleitend. Er ist bei überschaubaren, leichten Teilstrecken des Handlungspfades zweckmäßig und stellt genügend Kapazität an bewusster Verarbeitung zur Verfügung, um zum Beispiel nach langen ermüdenden Teilstrecken die ursprüngliche Volition zu aktivieren. In diesem Zusammenhang ist die sog. „Bewusstseinsleere" oder auch mental blanks (Langer, Blank & Chomark 1978, zitiert in Heckhausen, H. 1996, S. 825), erwähnenswert. Diese machen für Ablenkungen durch sich aufdrängende Besonderheiten in der Umwelt empfänglich, was leicht zur Unterbrechung der ablaufenden Haupthandlung führen kann. Beispielsweise ist das bei Hausfrauen der Fall, die unbewusst einen Artikel in der Tasche verschwinden lassen, weil ihre Kinder plötzlich ihre Aufmerksamkeit erfordern (Heckhausen, H. 1996, S. 825). Zwar wird also unter Umständen die Realisierung der anstehenden Intention gefährdet, aber dieser Modus ermöglicht eine sparsame Verwendung von bewusster Verarbeitung für die aktuelle handlungsleitende Intention, so dass überlappende Tätigkeiten, die gleich- oder fremdthematisch sein können, parallel ausgeführt werden. Fremdthematische Überlappungen sind zum Beispiel Wahrnehmungs- und Motivationsprozesse, Intentionsleistungen oder andere

Zweithandlungen, sofern sie mit der Exekutive kompatibel sind. Überhaupt scheinen überlappende Tätigkeiten, die sich aus möglichst hoch automatisierten Prozessen zusammensetzen, von vornherein geplant in der Haupthandlung integriert zu sein. Die sogenannte Überlappungsfähigkeit bezieht sich auch auf die Kapazität, die für bewusstseinspflichtige Metavolitionen während kritischer Handlungsphasen freigehalten werden muss.

Die beiden Modi stellen zwei Extreme (Pole) dar, zwischen denen sich die Handlungssteuerung mit der Tendenz nach dem geringsten Aufwand an bewusster Verarbeitung und zur minimalen bewussten Kontrolle hin- und her bewegt, wodurch die Nutzung des Bewusstseins für überlappende Zweittätigkeiten erhöht wird. Jedoch bestimmt der einzelne Handlungsabschnitt, inwieweit und in welchem Intentionsformat vorausschauend geplant werden muss. Vornahmen beziehen in der Regel auf die gefährdeten störanfälligen Abschnitte, nämlich dem einleitenden, dem abschließenden und dem ausführenden Handlungsabschnitt (Rubikonmodell). Dementsprechend bilden sich die drei Arten von Vornahmen, um den betreffenden Abschnitt des intentionsgeleiteten Handelns unter bewusster Repräsentation auf der ausführungsnahen Zielebene abzuwickeln. Daraus ergeben sich ebenso drei Arten von Fehlern; Initiierungs-, Handlungs- und Desaktivierungsfehler. In den folgenden Abschnitten sollen deren Auftretensbedingungen, ein mögliches, nämlich das intentionspsycholgogisches Klassifikationsschema und deren Charakteristika anhand von Beispielen erläutert werden.

V. Bedingungen für das Auftreten von Handlungsfehlern

Im wesentlichen sind nach Heckhausen (1996) drei Bedingungen bekannt, aufgrund derer Handlungsfehler mit erhöhter Wahrscheinlichkeit auftreten.

1.) Der Handlungsablauf ist automatisiert und bedarf keiner bewussten Verarbeitung, also auch keiner bewussten internalen und externalen Rückmeldung. Er unterliegt der offenen Kontrolle auf der weitgespannten Zielebene und ermöglicht dadurch eine überlappende Zweittätigkeit. Da der momentane Handlungsablauf nicht vom Bewusstsein abgehoben ist, richtet sich die Aufmerksamkeit lediglich auf relevante Umweltausschnitte. Das Bewusstsein ist jedoch noch immer aufnahmefähig, so dass unbemerkte Wahrnehmungen von Situationskontexten und den damit verbundenen Tätigkeitsabläufen, welche wiederum mit der automatisierten Realisation einer anderen Handlung verknüpft sind, wirkungsvoll werden. Dieses Phänomen tritt häufig bei Gewohnheitshandlungen auf, die meist einer anderen Intention unterstehen. Wird eine solche Handlung initiiert, wird von einer Entgleisung gesprochen. Einem Taxifahrer beispielsweise kann es durchaus passieren, dass er auf dem Weg zu einem privaten Ausflug am Taxistand anhält, den er gerade passiert, obwohl er das nicht beabsichtigt hatte. In diesem Zusammenhang ist Ach's Begriff der volitionalen Objektion (1932, 1935, zitiert in Heckhausen, H. 1996, S. 827) anzuführen, der besagt, dass wiederholt realisierte Intentionen einen zunehmend höheren Grad an Handlungsbereitschaft erhalten. Diese Objektion verläuft in drei Stufen. In der ersten Stufe ist das Wollen mit dem Bewusstsein verbunden, in der zweiten verbindet sich mit dem Objekt ein Anreiz- oder Aufforderungscharakter, in der dritten Stufe der finalen Qualität löst das entsprechende Objekt bzw. die Situation das Gefühl des Sollens oder Müssens aus. Nach einiger Zeit reicht allein die Wahrnehmung der ursprünglich handlungsinitiierenden Ausgangssituation zur Aktivierung der entsprechenden Intention aus, besonders dann, wenn die handlungsleitende Intention nicht sehr stark und bewusst repräsentiert ist. Probleme für die Handlungssteuerung entstehen bei zwei gleichthematischen Handlungen, wenn zum Beispiel die Realisierung der Intention der überlappenden Tätigkeit als Desaktivierung auch der Haupthandlung erlebt wird. Dann nämlich kommen beide, auf weite Zeitspanne angelegten Handlungsströme zum Stillstand. Jemand, der im Begriff ist, einen Brief einzuwerfen (automatisierte Haupthandlung) sieht zerknülltes Papier auf der Straße liegen, das er nebenbei mit wegwerfen möchte (gleichthematische überlappende Handlung). Als er das getan hat, geht er zurück nach Hause, ohne an den Brief gedacht zu haben. Diese ursprüngliche Intention wurde bereits desaktiviert, ohne dass die Handlung tatsächlich vollzogen worden war (Heckhausen, H. 1996, S. 828)

2. Der Modus der ausführungsnahen Zielrepräsentation bietet zwar den Vorteil, dass der Handlungsablauf wegen seiner Schwierigkeit oder Neuheit bewusst kontrolliert wird, dass also keine automatisierten Tätigkeitsstrecken, keine Initiierung einer anderen Intention und keine überlappende Tätigkeiten zugelassen werden. Allerdings wäre der Verlust des Handlungsfadens, des Ziels bzw der Intention mit weiter Zielspanne denkbar. Aus den

zahlreich gesammelten Fehlerbeispielen ist jedoch keines dieser Art bekannt, was nahe legt, dass das letztlich angestrebte Ziel zumindest mental repräsentiert sein muss.

3.) Die Beteiligung einer ausführungsnahen, bewussten Zielrepräsentation kann dann zu Fehlern führen, wenn ein nicht vorweg geplanter Akt die bewusste Kontrolle während einer automatisierten Tätigkeitsabfolge hervorruft, wie das bei einer plötzlich auftretenden Schwierigkeit der Fall ist. Der unplanmäßige Einschub dieser Tätigkeit bewirkt das Überspringen des folgenden automatisierten Aktes (vorzeitiges „Abhaken"). Dieser Ansatz erklärt beispielsweise, dass beim Schreiben eines Aufsatzes Wörter augeslassen werden, mit denen sich gerade besonders beschäftigt wurde. Würde man diese Handlungssequenz isoliert betrachten, könnte ein solcher Fehler auch als Desaktivierungsfehler bezeichnet werden.

VI. Ein Klassifikationsschema für Handlungsfehler

Gerade lernten wir drei Fehler erzeugende Bedingungen der Handlungsstruktur kennen die a) zur Entgleisung, b) zur Überlappung und c) zum Einschub führen können. Daraus ergeben sich, wie auch schon analog zu den verschiedenen Vornahmen, bestimmte Arten von Handlungsfehlern; a) Initiierungsfehler, b) Desaktivierungsfehler und c) Fehler des Abhakens (Ausführungsfehler). Diesen Bedingungen liegen folgende uns bereits bekannte Mechanismen zugrunde, nämlich die beiden Modi der Handlungssteuerung bzw. die Höhe der Zielebene (ausführungsnah vs. weitgespannt), die Automatisierung einer Handlung, überlappende Bewusstseinstätigkeit und die Art der Rückmeldungskontrolle (intern vs. extern). Heckhausen (1996) teilte die Handlungsfehler in drei Arten ein, wobei Versprecher keine Berücksichtigung fanden. Bei der Auswahl bezog er sich auf die Fehlersammlungen von Birrenbaum (1930), Norman (1981) und Reason und Mycielska (1982).

VII. Intentionspsychologische Klassifikation von Handlungsfehlern

1. Initiierungsfehler

In diese Kategorie fallen fünf Arten von Fehlern, die jeweils anhand eines Beispiels veranschaulicht werden sollen. **Entgleisung** tritt auf, wenn eine Tätigkeitsstrecke der Haupthandlung zugleich eine finale Qualität, also eine automatisierte Handlungsinitiierung, für eine andere Zielintention darstellt. Aufgrund entsprechender Anregungsbedingungen aus der Umgebung, wird die konkurrierende Zielintention verwirklicht. Dafür befindet sich die Handlungssteuerung im Modus der weitgespannten Zielrepräsentation ohne, dass ursprünglich eine überlappende Tätigkeit ausgeführt wurde. Erfolgt tatsächlich ein Entgleisen, ist davon auszugehen, dass die ursprüngliche Zielintention nur schwach ausgeprägt (z.b. durch Motivationsmangel) und nur minimal bewusst kontrolliert war. Die neue Nebenhandlung kann so ohne weiteres das Bewusstsein füllen. Angenommen ich habe in meinem Haus eine lange Party gefeiert und will mir noch die Hände waschen, bevor ich aufzuräumen gedenke, kann es mir durchaus passieren, dass ich mir die Zähne putze, weil es zum allabendlichen Ritual gehört, bevor ich schlafen gehe. Ein ähnlicher Fall ist das berühmte Beispiel von Professor Hilbert, der anlässlich einer Familienfeier im Schlafzimmer seine Krawatte wechseln wollte und später schlafend im Bett vorgefunden wurde (Heckhausen, H. 1996, S. 830).

Vor allem bei fremdthematischer Überlappung kommt es zum **Verpassen der Gelegenheit**. Auf dem Nachhauseweg sollte noch eine zusätzliche Besorgung erledigt werden, wofür eine andere Route hätte eingeschlagen werden müssen. Die entsprechende Abzweigung zur eingeschobenen Handlung, also die Initiierung einer gewollten Handlung gelang nicht, weil sie in die automatisierte Tätigkeitsstrecke der Haupthandlung (hier, der gewohnte Weg nach Hause) eingebettet war Noch schwieriger wird es, wenn zusätzlich eine Überlappung durch eine fremdthematische Handlung stattfindet. Oftmals wird vom mehrfachen Entgleisen und Verpassen berichtet, zum Beispiel: Ich gehe in die Küche, um den Mülleimer zu lehren, doch hole mir stattdessen Schokolade aus dem Kühlschrank. Auch beim zweiten Mal, räume ich das schmutzige Geschirr weg, anstatt mich dem Mülleimer zu widmen. Das Verpassen und das Entgleisen haben eine Gemeinsamkeit, nämlich die intendierte Handlung ist geringer automatisiert als die momentan nicht intendierte. Zusätzlich spielen aber auch Unterschiede erstens in der Volitionsstärke der beiden konkurrierenden Intention,en zweitens in der Prägnanz der mentalen Zielrepräsentation und drittens im Einsatz einer bewusstseinspflichtigen Metavoliton (Initiierungsvornahme) eine Rolle (Heckhausen, H. 1996, S. 831). Diese drei Faktoren sind Ansatzpunkte möglicher Strategien zur Vermeidung von solchen Fehlern.

Das **Nichterkennen der Gelegenheit** durch deren Überspezifikation führt zum Vergessen einer Vornahme, weil die Initiierungsvornahme zu einer überspezifizierten Fassung automatisiert wird. Dadurch führen leichte Abweichungen schon zum Verpassen.

Birrenbaum (1930, zitiert in Heckhausen, H. 1996, S. 832) ließ ihre Probanden ihre Namen auf jeden zu lösenden Aufgabenzettel schreiben. Sobald sich jedoch Farbe oder Schriftgröße änderten, vergaßen die meisten, den Namen hinzuschreiben.

Das **Anspringen auf eine unpassende Gelegenheit** kommt durch ihre Unterspezifikation zustande. Ein Autofahrer der zum Beispiel bei Rot über die Kreuzung fährt, weil sein Zigarettenanzünder plötzlich herausspringt, hat lediglich auf die Initiierung der Handlung gewartet. Seine bewusste Kontrolle war ausschließlich auf den zu initiierenden Handlungsakt, nicht auf die handlungsauslösenden Gelegenheitssignale gerichtet. Ähnlich kann man sich die Situation beim Start zum Sprint vorstellen.

Beim **fehlspezifizierten Initiierungsakt aufgrund gleichthematischer Überlappung** ist im Gegensatz zum vorigen Beispiel nicht die Gelegenheit, sondern der initiierte Akt unpassend. Eine überarbeitete Sekretärin antwortet beispielsweise auf das Telefonklingeln mit „Herein", nachdem zuvor viele Besucher empfangen wurden. Beide, der fehlerspezifische und der richtige Akt weisen also funktionale oder strukturelle Ähnlichkeiten auf und unterlaufen auf bewusster Kontrollebene die Handlungssteuerung.

2. Desaktivierungsfehler

Auch hier unterscheidet Heckhausen fünf Arten, die zur vorzeitigen, zur zu späten oder ausbleibenden Desaktivierung des intentionsrealisierenden Handelns, insbesondere der Endhandlung, führen.

Bedingung für ein **vorzeitiges Desaktivieren des intentionsrealisierenden Handelns** ist die Überlappung der automatisierten Haupthandlung durch eine gleichthematische Zweithandlung, die erstens bewusste Kontrolle erfordert und zweitens gleichzeitig mit ihrem Abschluss die Haupthandlung beendet. Jedoch resultiert daraus keine vollständige Desaktivierung, denn es bleibt die Ratlosigkeit, verbunden mit dem Gefühl einer unerledigten Intention, weil zwischen der Exekutive, die über die interne Rückmeldeschleife das Erreichen des Ziel angibt, und der Handlungssteuerung, die mit der ursprünglichen (noch unrealisierten) Intention verkoppelt ist, eine Inkongruenz entsteht. Erst indem man vergangene Ereignisse genauer rekonstruiert, kann dieser „mismatch" (Heckhausen, H. 1996, S. 833) aufgedeckt werden. Vor einem Jahr, als die Abiturprüfungen bevorstanden, war ich unterwegs zu einer Mitschülerin, um ein Mathematikproblem mit ihr zu besprechen. Auf den Weg dorthin traf ich meine beste Freundin, mit der ich ebenfalls auf das Thema zu sprechen kam (gleichthematische Zweithandlung). Endlich angekommen (Zuendeführen der schon begonnen Teilhandlung bei gleichzeitigem Verlust der mentalen Zielrepräsentation), wusste ich im ersten Augenblick nicht mehr, warum ich losgefahren war.

Die **vorzeitige Desaktivierung** nicht der Zielintention, sondern **der Intentionsvornahme** führt zum zeitweiligen Vergessen der Intention. Dies hat Handlungsfehler zur Folge, weil Vornahmen zur Initiierung zu früh oder zu spät desaktiviert werden. Manchmal führt schon der Gedanke oder die Vorstellung einer Intention zur Desaktivierung, wenn mir zum Beispiel einfällt, was ich meinem Gegenüber fragen wollte, dann aber weiterrede, ohne diese Frage jemals zu stellen.

Bei der **zu späten Desaktivierung von Vornahmen** der Initiierung oder Ausführung wird die überflüssig gewordene Tätigkeit weiter ausgeführt (leerlaufende Handlung), obwohl das Ziel schon erreicht worden ist. Aufgrund dessen geht Heckhausen (1996) davon aus, dass Vornahmen als Komponenten der Intentionsbildung ein gewisses Eigenleben führen. Erst kürzlich wollte ich meinen Leistungsschein für Biopsychologie stempeln lassen. Obwohl ich bereits auf dem Weg zur Uni feststellte, dass ich ihn zu Hause liegen gelassen hatte (, was meine Vornahme sinnlos machte), lief ich geradewegs zum Sekretariat (Vornahme noch immer aktiviert, weil Zielintention nicht realisiert), um dann festzustellen, dass ich mir diesen Weg hätte sparen können. Ein anderes Beispiel liefert meine Mutter, die vom Weihnachtsmarkt zurückkehrend die Tasche voll süßer Leckereien hatte. Trotzdem hielt sie auf dem Nachhauseweg beim Supermarkt an, mit der Absicht, etwas für das sonntägliche Adventskaffeetrinken zu besorgen (bereits realisierte Zielintention).

Ein Beispiel für das **Weiterlaufen des konsummatorischen Aktes**, nachdem die Intention bereits realisiert worden ist, beschreibt den Zeitungsboten (zitiert in Heckhausen, H. 1996, S. 834). Er folgte der Bitte des Hausbewohners und händigte die Zeitung direkt aus. Dennoch lief er weiter zum Briefkasten und stellte die Überflüssigkeit seines Ganges erst fest, als er die Klappe des Briefkastens öffnete, um die (nicht vorhandene Zeitung einzuwerfen. In der Exekutive wurde der Akt bereits eingeleitet, der zu Ende geführt wird, nachdem das Handlungsziel in kurzer Unterbrechung, auf ungewöhnliche Weise und schon vorzeitig erreicht worden war.

Das **Wiederholen des konsummatorischen Aktes**, oder dessen verzögerte Desaktivierung, obwohl die Zielintention schon vollzogen ist, findet dann statt, wenn das Nicht-Erledigen dieses Aktes folgenschwere Konsequenzen nach sich ziehen würde . Wenn mein Vater aus dem Haus geht, schaut er mehrmals, ob in der Küche alle elektrischen Geräte ausgeschaltet sind, auch wenn ich ihn darauf aufmerksam mache, dass in der Zwischenzeit niemand in der Küche war, der hätte zum Beispiel den Herd andrehen können. Für ihn besteht in diesem Fall die Schwierigkeit, die Zielintention als realisiert zu betrachten und erlebt ihre Desaktivierung als einen hochbewussten Entscheidungsakt. Oftmals ist dieses Phänomen zu beobachten, wenn an das Gelingen des Endhandlungsaktes außergewöhnliche Anforderungen gestellt oder die Standards der Zielerreichung nicht als zufrieden stellend empfunden werden.

3. Ausführungsfehler

Der **Abhakefehler des Überspringens** ist von den sieben Ausführungsfehlerarten, die nach Heckhausen (1996) unterschieden werden, der häufigste bei der Abfolge der einzelnen Handlungsakte. Das spontane Einschieben eines aktuell angeregten Einzelaktes in eine automatisierte Handlungskette löst das Überspringen oder Auslassen eines Aktes aus, der normalerweise zur Handlungskette gehört. Dieser Einzelakt vollzieht sich auf der ausführungsnahen Zielebene und unterliegt der bewussten Kontrolle. Anstelle des automatisierten Aktes wird dieser zur Kette gezählt und abgehakt. Normalerweise öffne ich das Fenster einen Spalt (automatisierte Hanldung), wenn ich morgens ins Bad gehe. Einmal blendete die Morgensonne meine verschlafenen Augen so sehr, dass ich die Vorhänge zuzog (spontaner Einzelakt) und dabei das Öffnen des Fensters vergaß. Hier sehe ich ein Pendant zum Verpassen mit dem Unterschied, dass dort nicht die automatisierte Handlung, sondern eine neue Handlung nicht initiiert wird.

Beim **Abhakefehler des Wiederholens** wird das Abhaken versäumt. Das äußert sich beispielsweise darin, dass in Aufsätzen Wörter oder Wortgruppen doppelt geschrieben wurden (Einschub), weil eventuell Zweifel an der Richtigkeit nach dem Aufschreiben erst beseitigt werden mussten. (Übrigens hätte auch der Zeitungsbote seine Fehlhandlung vielleicht nicht bemerkt, wenn er mehre Zeitungen in der Hand gehabt hätte.)

Ein **Vertauschungsfehler bei zweifacher Art-Objekt Zuordnung** wird wahrscheinlich, wenn zwei verschiedene, aber nicht unähnlich Objekte zur gleichen Zeit hantiert werden, wofür ein gewisser Automatisierungsgrad beider Handlungen vorausgesetzt werden muss. Einmal ist mir der Fehler unterlaufen, meiner Katze pure Milch in den Napf zu gießen, während ich meine Tasse mit einem Wasser-Milch Gemisch füllte (was für Katzen gesünder sein soll).

Vertraut sind sicherlich die **fehlspezifizierten Ausführungsakte**, die in ihrer Struktur den fehlspezifizierten Initiierungsakten ähneln. Typisch hierfür sind Beispiele wie: den

Deckel der Zuckerdose auf die Kaffeedose legen oder den Schlüssel ins Schloss stecken, ohne ihn herumzudrehen.

Die **Rückfälligkeit beim Umlernen** innerhalb unterschiedlicher Handlungsprogramme hängt direkt mit deren Automatisierungsgrad zusammen. Es konnte nachgewiesen werden (Schwarz 1927, 1933, zitiert in Heckhausen, H. 1996, S. 839), dass sich Rückfälligkeitsfehler bei der Veränderung der Mittelhandlung, nicht aber bei geänderten Anfangs- und Endhandlungen – unterliegen meist bewusster Kontrolle – häufen. Generell treten Rückfälligkeitsfehler vermehrt dann auf, wenn die veränderte Anforderung für die Zielerreichung irrelevant ist. Wenn es zum Beispiel egal ist, ob ich einen Schalter nach oben oder unten schiebe, verfalle ich bald der mir gewohnten Handlung.

Leerlaufhandlungen **bei fremdthematischer Überlappung** entstehen, wenn sich konkurrierende Handlungstendenzen unter der Fassade einer überlappenden Tätigkeit durchsetzen. Beim Lesen eines anspruchsvollen Fachtextes kommt es des öfteren vor, dass die Gedanken völlig anderen Dingen zugewendet sind. Zwar läuft die ursprüngliche Haupttätigkeit, das Lesen in seiner automatisierten Form, der visuellen und artikualatorischen Informationsverarbeitung weiter, ist aber seines ursprünglichen Zwecks, nämlich den Text zu verstehen, beraubt. Eine ähnliche Situation kann dem Zuhörer in einer Unterhaltung widerfahren.

Das **Steckenbleiben** bei einer abhanden gekommen Intention, müsste eher als vorzeitige Desaktivierung interpretiert werden, um diesem Phänomen eine theoretische Basis zu verleihen. Typisch ist ein sogenanntes Steckenbleiben in einem Punkt des Handlungsablaufs, ohne recht zu wissen, warum die bisherige Tätigkeit unternommen worden ist. Zielstrebig rannte ich neulich in den Keller, wusste, dort angelangt, aber nicht mehr warum. Also lief ich zurück in mein Zimmer. Da fiel mir wieder ein, dass ich die Badmintonschläger suchen wollte und ging erneut hinunter. (In meinen Augen könnte das zur zweiten Bedingung für das Auftreten von Handlungsfehlern gezählt werden, falls ich mich zu sehr darauf konzentriere, bei der Dunkelheit des Kellers, die Treppenstufen sicher hinabzusteigen).

VIII. Ausblick

Der intentionspsychologische Erklärungsansatz für Fehlhandlungen existiert neben einer Reihe anderen weit verbreiteten, wenn auch älteren, Ansätzen. Im Alltag werden Fehler allgemein der Vergesslichkeit zugeschrieben. Freud sah vor allem in den Versprechern, auf die hier nicht weiter eingegangen wurde, ein Fenster zur Seele (Heckhausen, H. 1996, S. 840) und ging davon aus, dass unterdrückte, meist unschickliche Intentionen permanent danach drängen (ständige Überlappung), Zugang zum Bewusstsein zu erlangen, also handlungsleitend zu werden. Des weiteren ist Normans (1981, zitiert in Heckhausen, H. 1996, S. 842) schematheoretische Erklärung von Handlungsfehlern   bekannt, die auf Netzwerkmodelle der Gedächtnisforschung gegründet ist, jedoch nicht alle Fehlerarten einzuordnen weiß. Angesichts der Vielzahl von Handlungsfehlerarten, die uns begegnen, stellt das intentionspsychologische Modell eine relativ übersichtliche, dennoch differenzierte, Systematisierung dar. Die Effektivität, die unser Handeln der bewusstseinsentlastenden Automatisierung, den unterschiedlichen Handlungssteuerungsmodi sowie der Möglichkeit, mehrere Dinge gleichzeitig zu tun (Überlappungsfähigkeit) verdankt, fordert ihren Preis in Gestalt von Handlungsfehlern. Ihre Vielfalt wird durch mehre Faktoren verursacht. 1. Es gibt automatisierte Handlungen, die der offenen Rückmeldekontrolle unterliegen. 2. Die bewusste Verarbeitung kann sich auf zwei überlappende Tätigkeiten aufspalten und 3. die einzelnen Handlungsabschnitte, wie zum Beispiel die Initiierung sind störanfällig. Das genauere Untersuchen von Handlungsfehlern gibt nicht nur Aufschluss über die Richtigkeit von Modellen und Theorien, was möglicherweise zu deren Erweiterung beitragen kann, sondern könnten in Zukunft der Entwicklung von Vermeidungsstrategien hilfreich sein. Durch angemessenes, präzises Definieren meiner Absichten, kann ich zum Beispiel dazu beitragen, dass diese auch tatsächlich und in korrekter Weise verwirklicht werden.

IX. Literatur:

Heckhausen, H. (1996). Intentionsgeleitetes Handeln und seine Fehler. In J. Kuhl & H.

Heckhausen (Hrsg.), Motivation, Volition und Handlung (S. 817 – 847). Göttingen, Hogrefe

Heckhausen, H (1989). Motivation und Handeln. Heidelberg, Springer-Verlag.

Rheinberg, F. (2000). Motivation (S. 156). Stuttgart, Kohlhammer.